LE GÉNÉRAL

BARON DE LESPINAY

SA VIE MILITAIRE

ET SA VIE CIVILE.

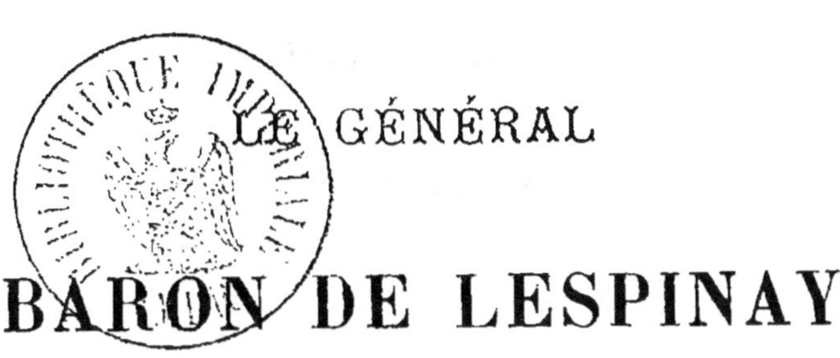

NAPOLÉON

Imprimerie v^e Ivonnet, rue Lafayette, 15.

LE GÉNÉRAL BARON DE LESPINAY

SA VIE MILITAIRE ET SA VIE AGRICOLE.

Au cours de cette année, le département de la Vendée a perdu l'un des hommes qui l'ont le plus honoré dans la génération actuelle et dans la précédente.

Le général baron de Lespinay, décédé à Paris, le 1er juin 1869, en sa quatre-vingt-unième année, a vécu deux générations d'hommes ; et sa vie a été, on peut le dire, nettement partagée entre les deux. Dans la première, il a suivi la carrière militaire avec un bonheur rare, mais ~~purifié~~ par la bravoure et le mérite qu'il y déploya ; la seconde, passée dans la vie privée ne fut pas moins recommandable. Nous nous proposons de suivre le baron de Lespinay dans ces deux périodes ; nous y verrons le même homme en deux rôles différents et trouvant, dans ses précieuses facultés, les éléments les plus propres à honorer sa vie.

Disons d'abord un mot de sa famille !

La famille de Lespinay est originaire de la commune de Plessé (Loire-Inférieure). Là, se trouve le fief dont elle porte le nom depuis au moins l'an 1416 (1). D'Hozier a établi sa généalogie suivie depuis l'an 1482. Elle s'est, depuis lors, rapprochée du Poitou par ses alliances avec les familles du

---

(1) Dictionnaire des fiefs de la Loire-Inférieure, par M. E. de Cornulier.

Chaffault, (1) Jousseaume du Couboureau, de la Rochefou-
cauld-Bayers, de Goulaine, de Montsorbier, de la Poëze, de
Tinguy, des Noues, etc.

Alexis-Louis-Marie, marquis de Lespinay, père de celui
dont nous nous occupons, était né le 24 août 1752, d'Alexis-
Samuel de Lespinay, qualifié baron de Chantonnay, Sigour-
nais, du Puybelliard et de Girais, châtelain de la Tabarière
et de Soullandeau, seigneur du Pally, de la Baritaudière, de
la Ruffelière, etc. Il fut page de Louis XV, puis devint capitaine au régiment du roi, infanterie. Il fut, enfin, membre
du Conseil général et député de la Vendée sous l'Empire et
la Restauration. De Henriette de Montaut, qu'il avait épousée
en 1783. Il laissa trois enfants ; — Marie-Charles, marquis de
Lespinay qui laissa le service après avoir été blessé à Friedland, — Agnès-Henriette, épouse du vicomte de Curzay, qui
occupa avec distinction la préfecture de la Vendée sous la
Restauration. Enfin, Louis-Armand, objet de cet article.

Il naquit à Chantonnay, le 19 février 1789. Il fut, cette
même année, reçu, de minorité, chevalier de Saint-Jean-de-
Jérusalem. La Révolution fit bientôt subir de cruelles
épreuves à la famille. La marquise de Lespinay, obligée de
quitter sa demeure, pendant la guerre, erra de ferme en
ferme avec ses enfants. Mais bientôt, les fermes ayant été
incendiées, elle n'eut d'autre asile qu'une grotte creusée

---

(1) Guillaume de Lespinay, seigneur du lieu et de la Malarit, dans
Plessé, épousa, le 30 janvier 1533, Marie du Chaffault, qui lui apporta la
terre du Chaffault, près de Nantes, et celle de Monteaux, à Saint-Philbert-
de Grand-Lieu Leur petit-fils Samuel de Lespinay, qui prenait le nom du
Chaffalut reçut, sous ce nom, une lettre de Henri IV. L'original fait partie de
la collection de M. B. Fillon. Elle est relative à la demande en mariage que
fait le capitaine de la Roche, gentilhomme au service du roi de Navarre, de
demoiselle Heaume de la Rousselière, élevée dans la maison de Lespinay.
Le roi de Navarre s'intéresse à cette demande et l'appuie près de M. du
Chaffault. Louis-Jacob de Lespinay, arrière petit-fils de ce Guillaume de
Lespinay du Chaffault, épousa en 1726, Marie-Elisabeth des Noulhes, qui lui
apporta les terres de Beaumont et du Pally Cette dernière est restée la
terre de l'aîné de la famille.

dans la forêt des Essarts, et recouverte de branchages et de mousse. Les battues républicaines et la fusillade l'y poursuivirent ; le coffre qui servait de berceau au jeune Armand et dans lequel il reposait, fut traversé d'une balle qui, heureusement, n'atteignit pas l'enfant. Mais, après la République, des jours meilleurs se levèrent pour la famille.

Armand fut compris dans la création des pages de l'Empire, le 19 novembre 1804, et fit partie des douze pages qui accompagnèrent Napoléon à Milan, lorsqu'il se fit sacrer roi d'Italie. Devenu premier page, en février 1806, il suivit l'Empereur dans la campagne de Prusse, assista à la bataille d'Iéna, aux affaires de Golowin et d'Ostrolenka, à la prise de Warsovie ; il se trouvait à ce cimetière d'Eylau où tant de braves succombèrent aux côtés mêmes de Napoléon, et où Augereau, étendu sur la neige sanglante, invectivait l'Empereur au sujet de ses guerres incessantes. Peu de jours après, il reçut le brevet de lieutenant au 1er régiment de carabiniers, et, à titre de gratification, un cheval des écuries de l'Empereur pour rejoindre son corps Ce régiment se distingua à Gallstadt, et la première division de grosse cavalerie passa la nuit sur le champ de bataille d'Eylau, encore bien peu effacé. Le 14 juin, elle se trouva, dès quatre heures du matin, en présence des Russes qu'on ne s'attendait pas à rencontrer. Napoléon étant loin de là, et, avant son arrivée, qui ne put avoir lieu qu'après midi, il fallut soutenir nombre de charges contre la cavalerie et l'artillerie ennemies. L'Empereur accouru en toute hâte, trouva les Russes si mal postés qu'il ordonna l'engagement général malgré l'heure avancée. Ce fut la bataille célèbre de Friedland. Le 1er carabiniers y fut fortement éprouvé ; neuf officiers sur vingt, furent tués ou blessés. M. de Lespinay fut décoré sur le champ de bataille ; il avait alors 18 ans. Son frère aîné y fut grièvement blessé et dut quitter le service en recevant la croix d'honneur.

Un décret du 21 juillet 1808, ayant nommé M. de Lespinay, officier d'ordonnance de l'Empereur, il quitta aussitôt les cantonnements de Tilsitt pour se rendre à Bayonne, où se trouvait Napoléon prêt à entrer en Espagne ; il l'accompagna à la journée de Sommosierra, à la prise de Burgos, à l'entrée à Madrid. Après le départ de l'Empereur, il resta en Espagne avec le major-général ; puis fit, sous le maréchal Soult, la pénible campagne de la Corogne contre les Anglais ; l'armée française y subit, dans les montagnes des Asturies et de la Galice, une partie des misères qu'elle devait retrouver plus tard en Russie, et pourtant, alors, elle était victorieuse et poursuivait l'ennemi pressé de s'embarquer.

Il rejoignit l'Empereur à Paris, à la fin de février 1809, au moment où Napoléon préparait sa seconde campagne contre l'Autriche. Le jeune officier d'ordonnance reçut ordre de se rendre à Metz, pour y inspecter des régiments wurtembergeois et westphaliens rassemblés en cette ville. Il se rendit à Mayence pour y exercer la même inspection sur les régiments de l'armée du Rhin destinés à faire campagne. Il adressa à l'Empereur des rapports détaillés sur la composition des corps et l'armement des places qu'il visitait. De là, il se rendit à Dresde, avec une lettre pour le roi de Saxe. Ce prince devait concourir à la campagne en fournissant un corps de 18,000 hommes ; il fallait inspecter ce corps, rendre compte de son armement et de l'esprit qui l'animait.

De Dresde, il se rendit à Warsovie où il remit à notre ambassadeur, le baron de Bourgoin, les lettres de l'Empereur, et arriva à Pétersbourg le 21 mars, avec des dépêches pour le général Caulaincourt, et une lettre pour l'Empereur de Russie.

Pendant cette mission, qui ne dura pas moins de deux mois, l'Empereur Alexandre ne cessa de lui faire l'accueil le plus bienveillant ; et, lorsque la campagne du Danube le rappela à l'armée, Alexandre l'engagea courtoisement à s'arrêter à Bialystok et à Grodno, où le comte de Béningsen, commandait l'armée russe ; il lui permettait de s'entendre avec lui, comme il devait le faire, aux termes de ses instructions, avec le prince Poniatowski, commandant l'armée polonaise à Warsovie. Ces deux généraux avaient mission de combiner ensemble les opérations de la campagne. Mais il fut facile au jeune officier, pendant le séjour qu'il fit au milieu des cantonnements réunis, de s'apercevoir que les généraux ne partageaient pas les dispositions favorables de leur souverain envers la France. Ainsi, tandis que l'armée polonaise s'avançait franchement vers la Gallicie, les généraux russes opéraient des contremarches qui la laissaient à découvert et éloignaient ses auxiliaires. M. de Lespinay en informa les ambassadeurs de France à Warsovie et à Pétersbourg, en les priant d'appeler l'attention de l'Empereur Alexandre sur cette violation de ses ordres. Ces fausses manœuvres de l'armée russe ayant livré le pays aux Autrichiens, M. de Lespinay pour ne pas compromettre les dépêches dont il était porteur, se vit obligé de prendre un long détour par Posen, Dresde et Leïpsig ; il ne rejoignit l'Empereur qu'à Schœnbrunn après l'entrée à Vienne. Il fut alors chargé de diverses missions auprès des maréchaux Macdonald, Bernadotte et Lefèvre. Il assista avec ce dernier, à plusieurs combats dans le Tyrol et à la prise d'Inspruck.

La bataille de Wagram, livrée après un long séjour forcé dans l'île de Lobau, le ramena à son survice d'officier d'ordonnance ; il dut parcourir en tout sens, le champ de cette bataille qui dura trois jours et qui fut la plus sanglante de toutes , selon M. Thiers. L'armée autrichienne , malgré toutes ses pertes, exécuta si habilement sa retraite , que Napoléon resta sans renseignements sur la direction qu'elle avait prise. Voulant à tout prix avoir quelques prisonniers capables de l'éclairer ; il chargea M. de Lespinay, avec un escadron de service, de diriger une poursuite dans ce but. Ce ne fut qu'à 20 lieues du champ de bataille, près de Znaïm, où était campée l'arrière-garde ennemie, que le jeune officier parvenait à saisir, le premier de tous, quelques fantassins hongrois au milieu de terrains accidentés. Le brevet de capitaine, daté du 29 août 1809, fut la récompense de la belle conduite de M. de Lespinay durant cette meurtrière campagne ; une dotation de 4,000 francs, en Hanovre et, bientôt après, une seconde dotation sur les canaux du Loing et d'Orléans complétèrent cet avantage. C'étaient là de grandes récompenses accumulées sur la tête d'un officier de 20 ans ; mais elles étaient le résultat de missions délicates, multipliées, accomplies avec autant d'intelligence que de bravoure et de zèle. Le regard d'aigle qui planait sur elles et les observait de près, en connaissait le prix, et savait pénétrer le mérite de celui qui les accomplissait. Splendides étaient les récompenses pour ceux qui répondaient à toute l'attente. Mais, à côté, que de brillantes espérances ont été déçues, et, pour un officier merveilleusement avancé, grâce à son mérite, combien ont dû quitter l'atmosphère du quartier général impérial, pour aller s'effacer

« Dans les honneurs obscurs de quelques batailles. »

L'année 1810 fut relativement une année de paix, une trève au milieu des guerres de l'Empire ; l'empereur l'employa à visiter la Belgique, la Hollande et diverses parties de la France ; M. de Lespinay l'accompagna en ces diverses excursions.

Le 13 janvier 1811, il fut nommé chef d'escadrons au 14e régiment de cuirassiers hollandais, et c'est avec ce corps qu'il prit part à la funeste campagne de 1812 ; il franchit le Niémen le 22 juin, assista aux engagements de Polotsk et de la Drisa ; il passa successivement sous les ordres des maréchaux Oudinot et Victor, des généraux Saint-Cyr et de Wrède. Dans la fatale retraite qui suivit l'incendie de Moscou, le 14e de cuirassiers eut à soutenir de nombreux combats pour arrêter les avant-gardes russes. Il rendit surtout d'importants services au passage de la Bérésina en repoussant à plusieurs reprises les efforts de l'ennemi pendant le défilé de l'armée, sur le pont étroit jeté à travers cette rivière inconnue jusque-là et depuis si tristement célèbre. A la suite de ces désastreuses journées, le commandant de Lespinay fut placé avec les restes de son escadron, à l'arrière-garde, sous les ordres du général Castex, pour protéger la retraite sur une longue série de ponts chancelants où tant de soldats trouvèrent la mort. De nombreux combats, soutenus avec vaillance, signalèrent ces tristes jours. Dans une de ces rencontres, à Vélikia, M. de Lespinay reçut plusieurs coups de lance, dont deux très-graves, le forcèrent de résigner son commandement. Il acheva la retraite au milieu de sa division ; puis, au Niémen, il reçut l'ordre de se diriger sur la Silésie, avec le 3ᵉ corps. Mais ses blessures et la fatigue d'une si malheureuse campagne, l'obligèrent de rentrer en France. Il vint à Lille, au commencement de 1813, avec la mission d'y former de nouvelles recrues, destinées à rétablir le 14ᵉ cuirassiers.

Il fut créé baron de l'Empire, le 26 février 1814.

La Restauration, qui survint, s'empressa d'accueillir le brillant officier vendéen formé à la grande école de l'Empire ; elle l'éleva de suite au grade de lieutenant-colonel et lui confia l'emploi de sous aide-major dans la compagnie des mousquetaires gris, sous les ordres du général comte de Nansouty. Le 19 mars 1815, veille du départ de Louis XVIII, il fut fait colonel, et accompagna le roi fugitif jusqu'à la frontière ; puis, fidèle à son nouveau serment, il s'abstint de tout service pendant les Cent-Jours. Après le retour du roi, il fut, avec son grade de colonel, établi lieutenant-colonel au premier régiment de cuirassiers de la garde royale ; chaque grade de la garde représentait alors le grade supérieur dans l'armée de ligne, celui-ci devait cependant être exercé direc-

tement avant que l'on passât à l'avancement. En conséquence de cette règle, le colonel de Lespinay fut appelé, le
21 décembre 1821, au commandement du 17e chasseurs, dit
des Pyrennées, en garnison à Poitiers.

A la tête de ce régiment, il entra en Espagne, le 26 avril
1823, sous les ordres du prince de Hohenloe, commandant
le 3e corps, destiné à opérer dans les Asturies et la Galice,
en ces mêmes lieux où M. de Lespinay, avait terminé la
campagne de 1808. Le régiment se distingua et mérita d'être
cité dans la série des combats qui amenèrent la prise
d'Oviedo. La ville du Ferrol, si importante par son port et ses
fortifications, avait tout disposé pour une longue résistance ;
le colonel de Lespinay fut chargé d'en négocier la reddition ;
sa fermeté triompha de l'obstination de l'ennemi, et, après
deux jours de sommation ; la place lui fut remise, la croix
de commandeur fut la récompense de l'habile fermeté qu'il
avait déployée en cette occasion.

Il fut, au mois de décembre de la même année, appelé au
commandement du 1er régiment de cuirassiers de la garde,
dans lequel il avait été précédemment lieutenant-colonel.
Nous avons connu des officiers et des soldats qui servirent à
cette époque sous ses ordres, et tous aimaient à témoigner
de la magnifique tenue de ce régiment sous la discipline
ferme, vigilante et juste du colonel qui déploya dans ces im-
portantes fonctions, toute l'étendue du caractère dont il était
doué et les qualités qui ont fait l'honneur de sa vie, loyauté,
exactitude, fermeté, bienveillance. Peu de régiments, ont la
chance d'être conduits avec autant de solidité, d'élégance et
d'entrain, que le fut le 1er cuirassiers de la garde sous son
commandement. Il accompagna à Reims, l'escadron de ce
régiment qui fut désigné pour assister au sacre de Charles X,
au mois de mai 1825. Le titre de gentilhomme honoraire de
la chambre, lui fut conféré le 5 janvier 1827, enfin, il fut
promu au grade de maréchal de camp, le 29 octobre 1828,

pour prendre rang à partir du 24 décembre 1823, jour de sa nomination de colonel dans la garde, titre auquel le grade supérieur était attaché.

Le 25 juillet 1830, il fut appelé au commandement d'une brigade de cavalerie au camp de Lunéville, sous les ordres du lieutenant-général comte de Bourbon-Busset. Le 29 juillet, il quittait Paris, déjà au pouvoir des barricades. Le 1er août, la division dont il faisait partie sortit de Lunéville pour marcher sur la capitale, par Nancy et Verdun ; il sut maintenir, par sa fermeté prudente et sa modération, la plus parfaite discipline dans sa brigade pendant la marche au milieu de populations acquises au mouvement révolutionnaire. Cette marche s'arrêta à Saint-Mihiel, lorsque la révolution, accomplie, donna l'ordre de dissoudre les divisions et de renvoyer chaque régiment à sa garnison. Le général de Lespinay ne suivit pas le mouvement du jour ; il se retira dans ses foyers, et fut admis, sur sa demande, au traitement de réforme, et bientôt après, à la retraite.

Ainsi se termina sa carrière militaire si rapidement et si brillamment parcourue. Il avait été page à 16 ans, lieutenant à 18, capitaine à 20, chef d'escadrons à 22, colonel à 26, officier-général à 34. La faveur impériale avait sans nul doute donné l'impulsion à cet avancement extraordinaire au milieu de tant d'autres. Mais cette faveur, au point de vue militaire surtout, ne s'égarait pas ; elle cherchait quelques hommes jeunes et capables pour les amener à d'importants commandements avant que les fatigues de l'âge et de la guerre eussent ralenti leur énergie. Et, certes, l'on peut dire que le regard de Napoléon avait porté juste quand il s'était arrêté sur le jeune de Lespinay, pour l'appeler de bonne heure à des postes élevés. La Restauration ratifia le choix impérial, et c'était justice encore, car il était difficile de rencontrer un officier offrant plus d'avenir avec un ensemble plus accompli de qualités militaires unies à des formes brillantes et entraînantes. En passant de l'Empire à la Restauration, le baron de Lespinay, n'avait fait qu'obéir à ce mot des *Adieux de Fontainebleau* : « Servez le roi comme vous m'avez servi », M. de Lespinay s'y conforma si consciencieusement qu'il ne voulut accepter aucune métamorphose ultérieure. Il accompagna Louis XVIII à la frontière, le 21 mars, et ne revint pas à son premier bienfaiteur. En 1830, les mêmes scrupules le firent renoncer à sa carrière. Observons bien, en effet, que sa position différait de celle de la plupart des officiers de l'armée, qui, ayant conquis chaque grade par de longs et pénibles services, devaient se regarder comme appartenant à la France, sans engagement particulier envers un pouvoir bienveillant et protecteur. Ceux-là devaient sans hésiter suivre la fortune de la France et de l'armée. Mais on comprend la délicatesse du baron de Lespinay qui, ayant vu son mérite favorisé par l'attention toute particulière de Napoléon d'abord, des deux rois de la Restauration ensuite, a cru reconnaître quelque chose de personnel dans un avancement rapide, a voulu en garder le sentiment de la reconnaissance et ne pas se prévaloir sous un troisième gouvernement des faveurs dont il avait été l'objet jusque-là. Et cependant, qui eût pu l'en blâmer, lorsque la France et l'armée passaient à ce troisième gouvernement ? Est-on jamais coupable de suivre le mouvement de sa patrie lorsqu'il est confirmé par le triomphe général d'une nouvelle idée, ce triomphe dût-il être temporaire ?

Nous admirons donc la parfaite délicatesse du général de Lespinay, et en même temps sa modestie, quand il a interprété son avancement comme dû à l'amitié très-méritée de Napoléon et des Bourbons ; et cependant nous ne pouvons nous empêcher de regretter que ce sentiment si honorable l'ait empêché de poursuivre une carrière dans laquelle il avait déployé tant de qualités, de bravoure, activité, fermeté, ordre, décision Se trouvant officier général, âgé de 41 ans seulement, il était probablement le plus jeune, le plus actif, des généraux qui allaient être appelés à mettre le pied sur la terre d'Afrique, et un des plus aptes à conduire avec vigueur et prudence cette guerre d'incidents multipliés; il y pouvait trouver le plus glorieux complément de sa carrière.

Mais les choses ont tourné différemment, et si sa vie privée n'a pas offert le même éclat qu'aurait pu avoir la carrière militaire, elle n'a pas été moins honorable.

Il s'est marié deux fois; d'abord avec Mlle de Montguyon, dont il a eu une seule fille, mariée au vicomte de Gontaut-Biron; ensuite, en 1827, à Mlle Esther Letissier, dont le père était député d'Indre-et-Loire. Il en a eu deux filles, la marquise de Chavagnac et la vicomtesse Bonabes de Rougé. L'éducation de ces trois enfants a été pour M. de Lespinay l'objet des soins les plus tendres et les plus éclairés. Les principes les plus solides y ont été alliés à tout ce qui peut être ajouté de brillant et de varié dans l'instruction.

Le baron de Lespinay, établi à Paris pour les hivers, passa, durant plusieurs années, les étés en Touraine, dans les propriétés de la famille de sa seconde femme. L'esprit d'ordre et d'activité de M. de Lespinay trouva son emploi dans la vie privée comme il l'eût fait dans dans la vie publique. Il sut mieux que personne, allier l'élégance de la vie de Paris, que lui permettait sa fortune, avec les soins les mieux entendus de l'administration agricole. Il avait acquis avec la dot de sa seconde femme, le domaine de la Chardonnière, à Vouvray, près Tours. Ce domaine négligé depuis longtemps, se transforma sous sa main, et représenta, pour ses enfants devenus majeurs, une valeur tout autre que celle de l'acquisition.

Mais l'administration des biens de Touraine ne faisait pas perdre de vue celle des terres de Vendée. Le manoir paternel du Pally étant échu à son frère ainé, le marquis de Lespinay, la terre des Essarts, composée de nombre de métairies et d'une belle forêt, fut le noyau principal de son lot particulier. Il négligea le château, que la guerre avait brulé et s'occupa des terres. Son intelligence, toujours si sûre, lui révéla bientôt ce qu'il y a de ressources dans le sol et dans la population honnête du bocage vendéen. Il lui parut évident que, pour produire davantage, la terre et les cultivateurs n'attendaient que des logements plus vastes et mieux appropriés aux ressources du sol et à l'industrie du cultivateur. En effet, le nombre et la qualité du bétail sont dépendants de l'habitation destinée à le recevoir. Si l'étable ne contient que dix têtes, on ne peut en posséder vingt ou trente que réclament en vain l'étendue et la fertilité du sol. M. de Lespinay, qui entendait les moyens de succès de la vie militaire les appliqua à la vie agricole. Du sein du mouvement parisien, il s'appliqua à rebâtir ses fermes qui pour la plupart, avaient été incendiées pendant la guerre, puis rétablies d'urgence pour les simples besoins de l'agriculture négligée d'autrefois. Il adopta, pour ses constructions, un plan uniforme un peu emprunté à la tactique : une cour carrée, dont un côté occupé par la maison d'habitation, les trois autres côtés par les étables, magasins et hangars ; mais les quatre angles, au lieu d'être fortifiés comme pour la guerre, restent vides tant pour l'aération et la salubrité que pour l'isolement des trois autres côtés en cas d'incendie de l'un deux. La construction de chaque ferme fut l'œuvre d'une année et accomplie sur les économies ; une vingtaine de fermes ont été rebâties de la sorte autour des splendides ruines du château des Essarts. Mais les avances n'ont pas tardé à être remboursées. Les fermiers à l'aise se sont présentés à l'envie offrant des prix de baux bien supérieurs à ceux du passé. Ceux qui, sans avoir beaucoup d'avances, ont entrepris de satisfaire le maître, y sont parvenus ; il ne s'gissait que de suivre ses conseils éclairés et de lui réclamer au besoin, quelques secours, que son juste coup d'œil, toujours inséparable de sa noblesse de cœur, savait accorder. L'augmentation du fourrage, le progrès du bétail, la fertilité des terres ont été la conséquence asssez prompte de ses efforts et de son impulsion. C'est ainsi que, sans être un agriculteur direct, mais en sachant diriger une administration habile, juste et bienfaisante, il est arrivé à accroître sa fortune dans une proportion considérable. Que de fois, en visitant avec lui ses fermes, j'en ai admiré l'ordre, la propreté, la bonne tenue, et en même temps l'aisance et la satisfaction de ceux qui les habitaient.

L'accueil du maitre était célébré, ici, comme autrefois dans la Vendée entière..... par le baiser donné par le fermier, la fermière et quelquefois toute la famille. Je me suis souvent demandé ce que signifiait cet acte si particulier, qui, certes, n'est pas une expression de familiarité, mais qui présente tous les caractères du plus affectueux respect. Je n'ai pu y voir que la tradition du baiser féodal, condition essentielle du cérémonial en tout acte de foi et hommage rendu par le vassal à son seigneur. Cet usage qui est devenu aujourd'hui suranné, moins par l'effet des ans que par les rapports d'intérêt devenus plus discutés, de propriétaire à fermier avait autrefois sa touchante signification, et cette signification ne m'a paru nulle part mieux conservée que dans les fermes des Essarts. Le baron de Lespinay, toujours si digne, se prêtait avec une grâce bienveillante à cette accolade des vieux jours, son arrivée, si affectueusement accueillie, me rappelait les vers de Berchoux

« Voyez, à son foyer, la famille agricole
« Que votre abord enchante et votre aspect console. »

Expression vraie et touchante pour toute la France, il y a un siècle, vraie encore lorsqu'elle fut émise par le poëte au commencement de ce siècle, mais aujourd'hui bien déchue sous l'exigence des intérêts nouveaux. Cependant nous pouvons dire à l'honneur de l'agriculture vendéenne, que cette expression a maintenu sa vérité dans bon nombre de familles d'administrateurs agricoles à la fois progressifs et généreux comme le baron de Lespinay.

C'était à une ferme créée par lui dans une clairière de la forêt des Essarts, sur un lieu nommé le Détroit, où son berceau avait été jadis traversé par une balle, qu'il s'était établi un modeste pied-à-terre de deux chambres. Il y vint pendant vingt ans, de Paris ou de Touraine, donner l'impulsion au progrès de ses propriétés. Il eut toujours l'art de dresser des intendants qui firent exécuter sa volonté avec une ferme exactitude, mais en laissant en relief sa loyauté et sa bienveillance. Il en avait en Touraine, il en avait en Vendée et je n'aurais su auxquels donner la préférence.

M. de Lespinay, après avoir épousé successivement deux femmes remarquables et dignes de lui, devint veuf avant le temps, une dernière fois, et perdit, peu après, sa belle-mère. Les intérêts de Touraine furent remis aux mains de ses filles et alors il songea à revenir se retirer dans la Vendée. Les ruines du château des Essarts, étaient devenues irréparables après soixante ans d'abandon, et quel que fut l'intérêt des souvenirs qui s'y rattachent, il fallut renoncer à en tirer parti.

Cette terre avait appartenu aux Chabot dans le XIIe siècle, avait passé aux Rochefort, puis aux Vivonne. Isabelle de Vivonne, après la mort de son père, Savary V, tué à la bataille de Nicopolis, livrée en Hongrie, contre les Turcs, en 1306, porta cette terre dans la maison de Penthièvre en épousant Charles de Châtillon, dit de Bretagne et de Blois, comte de Penthièvre et d'Avaugour, troisième fils de Jean de Châtillon-Bretagne, comté de Penthièvre et de Marguerite de Clisson, fille du célèbre connétable. Charles de Châtillon était le petit-fils de Jeanne de Penthièvre, dite la boiteuse, et de Charles de Blois, le compétiteur malheureux de Montfort, au trône ducal de Bretagne. Après vingt ans d'une lutte opiniâtre, la bataille d'Auray avait enlevé la vie à Charles de Blois et ruiné les prétentions des Penthièvre. Jean de Montfort et sa postérité régnèrent sur la Bretagne jusqu'à la réunion de cette province à la France. En 1421, Marguerite de Clisson, cherchant à faire revivre les droits de la maison de Penthièvre au titulaire de laquelle elle s'était alliée, s'empara dans une ambuscade, au Loroux, de Jean V, duc de Bretagne et l'amena prisonnier au château des Essarts.

Cette terre, aussi bien que la baronnie de l'île de Riez, près Saint-Gilles, a suivi toute la fortune du nom de Penthièvre et a passé avec celui-ci aux familles de Brosse, de Luxembourg, de Lorraine-Mercœur, de Vendôme ; puis, les deux baronnies des Essarts et de Riez, tombées en partage à la petite-fille de César de Vendôme, Marie-Jeanne-Baptiste de Savoie, duchesse de Savoie, princesse de Piémont et reine de Chypre, furent vendues par celle-ci, de concert avec son fils, Victor-Amédée duc de Savoie, roi de Sicile et de Jérusalem, savoir : la terre de Riez, au comte de Pontchartrain et celle des Essarts à Joseph-Marie-Lascaris d'Urfé, marquis d'Urfé, par contrat du 2 juillet 1716. Enfin, le 3 août 1787, elle fut vendue par Jean-Lascaris d'Urfé, marquis du Chatelet et par Adélaïde-Marie-Thérèse d'Urfé, son épouse, à Alexis-Louis-Marie de Lespinay, père du général.

Le château, imposante construction de diverses périodes du moyen-âge, entouré par les eaux d'un ravin et flanqué d'une motte, soit féodale, soit plus ancienne, fut incendié pendant la guerre vendéenne. Il aurait pu être restauré dans les premières années qui suivirent ce désastre, mais après tant d'années il fallut renoncer à relever ses ruines. D'ailleurs la position dans le lit du ruisseau était plus convenable aux défiances du moyen-âge qu'à la sécurité de nos jours. Tout près de là, se présentait un tertre d'où la vue domine les plaines boisées d'alentour. Le baron de Lespinay confia

le soin d'y construire le nouvel édifice à M. Vestier, archi-
tecte de Paris, que la duchesse de Dino avait attiré en Touraine pour les constructions de son château de Rochecotte,
M. Vestier avait construit en Touraine nombre de châteaux,
où la noblesse de l'extérieur était encore surpassée par l'intelligence et le confortable de l'intérieur.

Le château des Essarts fut commencé en 1854 et achevé
trois ans plus tard. Son style est réputé du XV⁰ siècle par la
forme des toits et de quelques ornements ; mais, au lieu
d'être bordé de tours, de machicoulis et de grillages ferrés,
il sourit gaiment de toutes parts aux rayons du soleil et à la
brise rafraîchissante : sa porte, au lieu d'être de fer, est une
glace de Saint-Gobain. Marguerite de Penthièvre ne lui eût
jamais confié son prisonnier, duc de Bretagne. Mais le
moderne manoir n'a pas été bâti en vue d'atteindre l'ennemi
ou de loger des prisonniers. Sa destination est tout autre.

C'est dans cette charmante retraite que le baron de Lespinay a passé ses derniers étés, entouré de ses enfants et
petits enfants qui se succédaient près de lui ; il se retrouvait
là au milieu de sa famille vendéenne, et il aimait à respirer
cette atmosphère natale qui le reposait de celle de Paris.
Son hospitalité était gracieuse et pleine d'attentions bienveil-
lantes. A peine fut-il établi au nouveau château, que ses con-
citoyens l'appelèrent au Conseil municipal, puis au Conseil
général ; il a été, chaque année, vice-président de celui-ci.
Ses collègues, touchés de ses longs services militaires et des
services rendus à l'agriculture du pays, demandèrent et
obtinrent pour lui la croix de grand-officier de la Légion
d'honneur. Maire de la commune des Essarts, il en fut le
bienfaiteur, lui donna un cimetière et participa à la recons-
truction de l'église.

Cependant sa santé, qui s'était soutenue jusqu'à un âge
avancé, déclina rapidement. Les eaux, qu'il alla prendre en
divers lieux, furent de faibles palliatifs. Le courage, la foi

religieuse, la conscience du devoir accompli à toutes les phases de sa vie lui firent envisager sa fin avec le calme de la résignation ; et quoique frappé d'apoplexie, on peut dire qu'il ne fut pas surpris par la mort, car son âme était prête. Le 1er juin 1869 fut un jour de deuil pour sa famille, pour les pauvres et pour bien des amis ; mais, pour lui, ce fut le soir d'un jour serein, marquant l'arrivée sans crainte et sans remords au seuil de l'éternité.

CH. DE SOURDEVAL.